BRAIN GAMES®

STICKER BY NUMBER™

be cool

How to Sticker by Number™

To complete the picture, first find the coordinating stickers in the back of the book. Place the sticker with the same number onto the matching space on the art page. Use the answer key to see the completed pages.

Brain Games is a registered trademark of Publications International, Ltd.
Sticker by Letter is a trademark of Publications International, Ltd.

Louis Weber, CEO
Publications International, Ltd.
8140 Lehigh Ave
Morton Grove, IL 60053

Images from Shutterstock.com

ISBN: 978-1-64558-203-8

Manufactured in China.

8 7 6 5 4 3 2 1

1
2
3
4
5
6
7
8
9
10
11
12
13
14
15
16
17
18
19
20
21
22
23
24
25
26
27
28
29
30
31
32
33
34
35
36
37
38
39
40
41
42
43
44
45
46
47

1
2
3
4
5
6
7
8
9
10
11
12
13
14
15
16
17
18
19
20
21
22
23
24
25
26
27
28
29
30
31
32
33
34
35
36
37
38

1
2
3
4
5
6
7
8
9
10
11
12
13
14
15
16
17
18
19
20
21
22
23
24
25
26
27
28
29
30
31
32
33
34
35
36
37
38
39
40
41
42
43
44
45
46
47
48
49
50

1
2
3
4
5
6
7
8
9
10
11
12
13
14
15
16
17
18
19
20
21
22
23
24
25
26
27
28
29
30
31
32
33
34
35
36
37
38
39
40
41
42
43
44
45
46
47
48

1
2
3
4
5
6
7
8
9
10
11
12
13
14
15
16
17
18
19
20
21
22
23
24
25
26
27
28
29
30
31
32
33
34
35
36
37
38
39
40
41
42
43
44

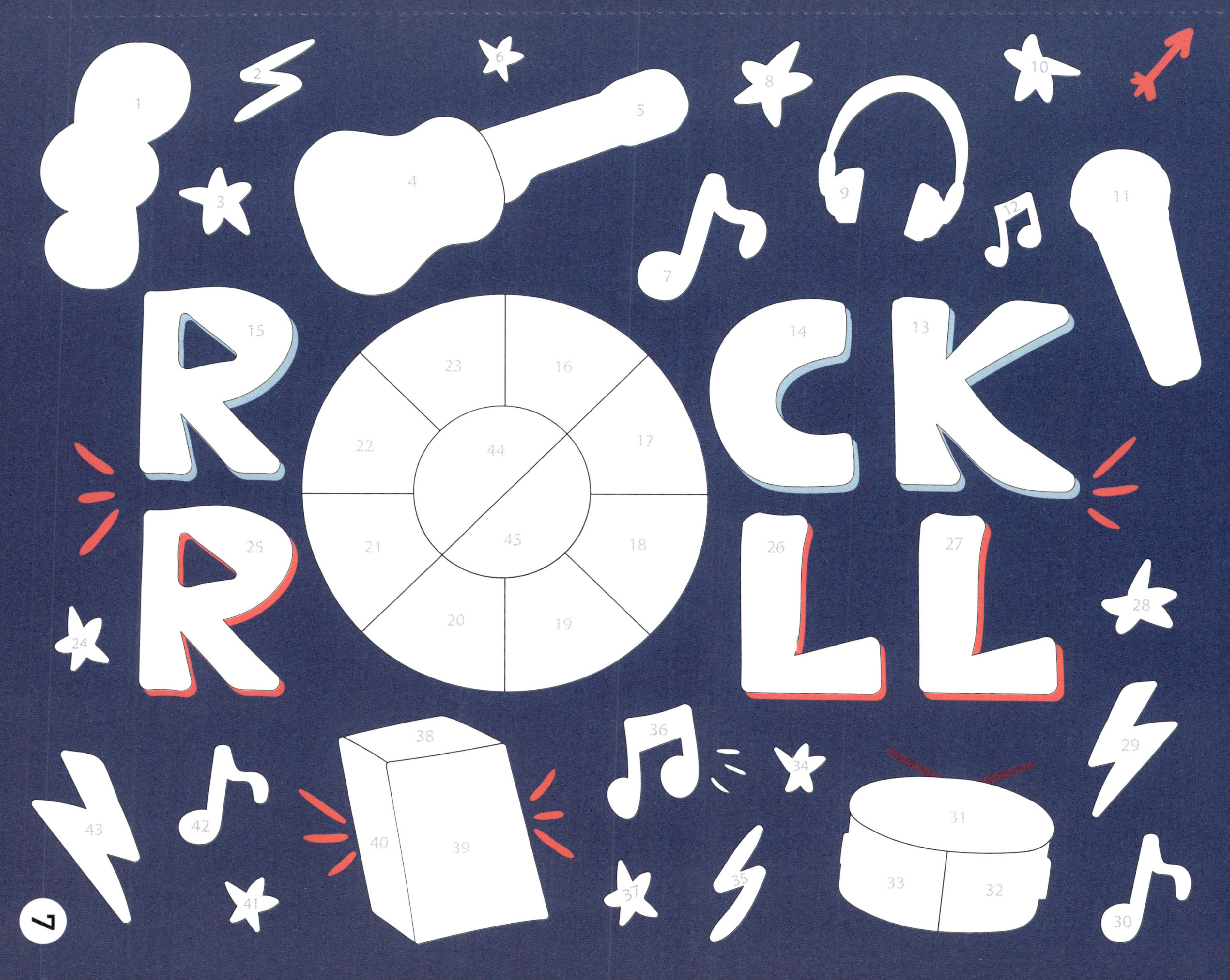

1
4
12
13
16
14
17
3
18
15
2
5
19
6
7
8
9
11
10
30
27
32
31
33
20
21
22
28
34
23
24
29
35
25
37
26
36
38
39
46
40
45
47
41
43
44
48
42
56
49
54
53
52
51
50
55

1
2
3
4
5
6
7
8
9
10
11
12
13
14
15
16
17
18
19
20
21
22
23
24
25
26
27
28
29
30
31
32
33
34
35
36
37
38
39
40
41
42
43
44
45
46
47
48
49
50

PIRATE ADVENTURE

Answer Key

2

Answer Key

3

4

5

6

Answer Key

7

8

Answer Key

9

10

1
25
33
29
44
39
32
26
27
8
18
34
13
46
7
9
21
30
42
23
17
6
4
40
28
36
14
43
2
35
3
38
19
31
24
22
41
10
5
12
1
11
20
37
47
15
16
45

2
30
20
17
27
38
22
11
21
34
31
8
1
5
33
2
29
25
6
15
10
26
16
36
37
9
35
13
32
14
23
4
7
28
18
3
12
24
19

3
18
31
35
13
42
44
20
28
37
15
38
34
23
21
22
12
50
48
5
49
39
27
2
25
29
17
1
3
33
11
19
45
4
40
8
47
46
6
14
16
24
30
43
10
7
41
26
32
36
9

4
Make
YOUR
OWN
Magic

5

6
19
4
Be
7
15
18
9
12
5
y
21
26
2
us
25
10
20
13
23
11
17
3
16
1
24
22
8
14
ou
6

7
39
11
16
34
31
15
43
30
12
13
23
40
27
37
35
4
7
6
36
26
24
28
2
21
10
17
9
14
8
44
41
19
32
33
3
42
18
38
1
25
45
29
20
22
5

8
ADVENTURER
happy

9
ZAP
BR
BE
!!!
YEAH
AV
WOW
E!
!!

X marks the spot
AHOY